JN409064

조 선 시

조선문학시인선 285

조 선 시

조선시문학회 엔솔로지 · 제15집

조선문학사

■ 책머리에

문학은 언어의 에너지로 생을 점화하고 연소시켜 일궈내는 일종의 燒成의 산물이다. 이 점에서 마치 자기의 탄생과 같은 이치쯤이 된다.

연소할 에너지가 고갈되면 문학은 구워낼 수도 없고 설혹 모양새를 갖춘다 해도 혼이 들어있지 못한다.

내연의 불꽃을 부단히 지피는 정신적 풀무질만이 시를 탄생시킨다. 마치 대장간의 대장장이가 쇠를 다루듯 시인은 언어를 연마하고 연단하여 생을 담아내는 容器의 주조자다.

여러 동인들의 꺼진 불을 보며 못내 아쉬움이 크다. 그러나 시심이 남아있다면 언젠가 또 불씨는 점화될 것으로 믿어 본다.

강병남, 김순, 박장식 시인 등을 영입해 새로이 출발을 다졌다. 뜻을 같이해 참여를 희망하는 분들을 새 식구로 맞고 싶다.

2010 初冬

조선시문학회 동인 일동

조선시 제15집

차례

제2부 / 부활시편

초대시

■ 초대시

物神時代 · 373 외 4편

박 진 환
(시인 · 조선문학 발행인)

북녘 김정은 하루 아침에 세계 톱스타 됐어
어느 왕조의 왕자가 저리 많은 스포트라이트를 받았던가
허긴, 핵보다 스타 제작 기술이 더 앞선 북녘이어서

物神時代 · 374

토끼 꼬리 채마밭은 금치밭, 밭머리엔 해바라기가 한 그루
이글거리는 눈부라리며 파수꾼으로 서서 하는 말 노다지
에게게 니가 무슨 카투사냐, 노린내 풍기며 양키 흉내하게

物神時代 · 375

북녘은 스타제작소
김정은 스크린에 뜨자마자 세계 톱스타 됐어
애비가 영화광이라더니 아들 주연에 아비가 감독했나봐

物神時代 · 376

스스로 꼰 이데올로기 밧줄에 묶였던 자승자박의 북녘 삶
탈북으로도 못면한 채 남녘에선 방탄 유리벽에 갇혀 살다가
갔거니 황천길, 품고 간 주체사상은 금이 될까, 흙이 될까

物神時代 · 377

칠레 구출광부 33인, 3을 행운의 길수라고 야단 떨던데
우린 4천 년 전에 이미 3태백, 3부인, 3천 무리, 360사
3.7일등 3의 효험 미리 알고 3 기축 삼아 나라 세웠거든

제1부
풍시조

□ 강병남 시인편

겉멋내기 · 1 외 2편

겉멋에 치우치면 속이 비는 법
외양 치장하려 길거리 파헤치는 디자인 서울
그러다 부채만 늘리는 속빈 강정 안될까 그게 걱정이어서

겉멋내기 · 2

쓸 만한 보도블록 파헤친다 항의 시민 아우성에
주춤하나 싶더니 디자인 서울로 연막을 쳐 놓고
중국산 돌로 포장을 하니 혹 디자인 차이나 거 아닌지

겉멋내기 · 3

서울 오시장님은 중국을 참 좋아하시나봐
살기 좋은 연희동을 차이나타운 만들려다 실패하더니
광화문광장 차이나 돌판 까는 걸 보니 북경으로 착각한 건 아닌지

□ 고석 시인편

이번에는 또 뭘 외 10편

천안함속의 46명의 영령이 아직도 서해에 숨쉬는데
민간인이 살고 있는 연평도를 공격하는 망령들
그 시커먼 속으로 또 뭘

량들은

천안함 사건터진후 원인규명도 하기전에 봇물 터지듯
큰소리치던 량들 어디갔소
연평도 사건에는 유구무언이라 왜 그런지 아리송해

국방부 장관 어디있소

연평도가 공격을 당해 우리 국민이 사망 했는데
공격당하고 있는 그 1시간이 얼마나 중요한지도 모르는 량들
국방부 장관을 국회에 붙들어 놓고 뭐하자는거여

아무 때나 농담을 쯧쯧

연평도가 아수라장이고 주민들은 대피하며
놀란가슴 진정도 안됐는데 시커멓게 그을린 소주병을 보고
시장이 뭐라더라 진짜 폭탄주란다 기가 막혀

누가 뽑았는겨

선거때 자기는 진보가 아니라더니 당선후 얼굴을 돌렸다나
그러니 연평도가 공격을 당한 것이 남한의 책임이라고하지
그시장은 가면무도회가 딱 맞는 것 같소

평화도 평화 나름이지

서해훈련 중단 요구하는 민노 진보 민주
코앞에서 사람이 죽고 섬이 아수라장인데 평화통일만 주장하면
참는것도 한계가 있지 미친개한테는 몽둥이가 약이란거 몰라

칠레의 기적

칠레의 광부 33인의 69일만의 생존은 인간승리
나 부터가 아닌 너부터로 뭉친 우리라는 사랑의 기적
우리라는 말을 좋아하는 우리는 어떠한지요

사랑의 열매

불우 이웃을 위해 사랑의 열매를 팔다보니 재미가 쏠쏠했나봐
빨간 열매에 술을 부어 과일주로 마시고 흥에겨워 골프도 치고
고양이 앞에 생선이라 냄새에 꼬리가 잡혔나보이

죽자가 두고간 현실

노벨 평화상에 북쪽에가서 환대받으며 평화통일 이루자더니
천안함에 이어 연평도 쏟아부은 포탄에 군인과 민간인 사망
이래도 퍼주고 참아야하는지 이럴땐 어찌해야할꼬

연평도 주민의 서러움

대피소는 70년대에 상태이고 놀란가슴에 서러움까지 겹치니
정부보다는 찜질방 사장님이 더 고마운 연평도 주민
휴전상태라는 것을 정부가 인식은 하고나 있었는지

경제대국 10위라

경제대국 10위면 무얼하나 편차 심한 민초와는 상관없는걸
하루살이 인생이 얼마나 많은지는 알고 계시나요
가난구제는 나랏님도 못한다는데 노숙자나 늘어나지 않았으면

적반하장

포문 열어 마구쏘아대 놓고 민간인이 사망했다면 유감이라고
남한에서 연평도에 인간방패를 만들은 우리가 잘못이란다
거주의 자유가 있는 우리가 너네와 똑같아보이니

□ 김수린 시인편

칸칸칸 · 1 외 4편

이십대 통학시절 남녀대학생들로 기차 칸마다 대단했지
아까 말 걸던 남학생 다른 칸 여학생에게 또 수작 걸고
책에 머리박고 사방에 눈알만 돌리며 칸마다 후끈대던 열기

칸칸칸 · 2

효도한다며 중늙은이들 몰고 떠나는 관광버스
버스 안 가득한 주름들 추수 앞둔 가을 들판처럼 나부끼는데
흥겨워 춤추는 황혼의 열정 차창 칸칸마다 흔들흔들 비치네

칸칸칸 · 3

새로 나온 김치냉장고 칸 칸 칸을 보면 욕심이 생겨
칸칸이 따로 보관해서 싱싱하다는 김치냉장고의 칸
죽으면 유골 가루 항아리에 담아 보관하는 납골당 진열대 칸 칸 칸

생장사(生葬事) 할까

亡者 보내는 의식 인간사 핵심, 대사중의 대사인데 상조회사가
돈 횡령하는 등 비리는 산자와 죽은자 우롱한 죄 어떻게 다스릴까
티베트 독수리먹이장례나 중국소수민족식 절벽에 매달아 生葬事 해줄께

어떤 인사(人士)의 언사(言事)

남편을 아빠라고 부르더니 요즘엔 오빠라 해 친한 사이에도 오빠라 불러
미대통령도 오빠라구? "오빠 바라만 보지말고 마음대로 해" 가
요즘에 뜨는 건배사라며 한 인사가 점잖은 자리서 건배제의로 했다나

제2부
부활시편

□ 강병남 시인편

허수아비 외 4편

외발에
심장이 없다
심장이 없으니
피가 돌지 않고
피가 돌지 않으니
살아있는 목숨이 아니다

죽은 목숨이니
두발이 필요 없고
두발이 필요 없으니
나들이 할 일 또한 없다

다행히 두 팔 있어
외발로 중심가눠 서 있으나
기는 놈보다 약삭빠른
나는 놈들을 몰아낸다
새떼들 세상에서
나는 왕이다

오늘만은

오늘만은
조정자가 아닌
아바타가 되고 싶다
스스로 할 수 있는 건 아무것도 없는
기계인간이 되는 것이다
누군가의 지시에 따라
그 눈빛에 고마워하며
움직이는 것이다

실수도 능률도 나와는 무관한 일
희망도 욕심도
나와는 상관없는 일
시키는 대로 움직이고
주는 대로 휴식을 하며
속절없이 보내면 된다

오늘만은
그렇게 살고 싶다

축복 · 2

- 이윤섭, 오명옥 성도 침례 받는 날

거미줄로 얽힌 세상 인연
다 내려놓고
끝내 나도 버린 다음
새로이 영으로 태어나는 날의
기쁨으로 올리는 기도소리

무지갯빛으로 하늘에 닿으면
주신 은혜 꽃잎 되어
꽃비로 내리리

돌아보기

나무는 자라면서
껍질을 벗고
사람은 자라면서
허물을 벗는다

나무는 커가면서 속이비지만
사람은 나이들수록 속이 꽉 찬다

세상 버티는 힘
그 채움의 힘이 아닐까
헌데 요즘 들어
점점 힘이 겨운 기운
나도 허물 꽤나 짊어지고
사는가보다

사람은 자라면서
허물을 벗는다는데

복 땜하기

중복더위 이기려고
왁자지껄 삼계탕집 손님들
냄비 속보다 더 지글지글 끓는다

칼은 칼로
불은 불로 맞서는 것이나
이열치열의 이치가 다르지 않느니
중복의 세속이 옳음이 아니던가

옛날 외할아버지는
원두막에 앉아
수박 한쪽 들고
왕부채질로
한가로이
더위를 쫓았는데

요즘 사람들
무슨 그리 핏대 올릴 일 많아선지
이열치열로 처방전 쓰나

□ 김남순 시인편

은비(隱秘) 외 7편

보이지 않는 곳에서
새 역사를 시작하시는
크신 손길

긴 어둠의 터널
절망 속 몸부림의 나날

그 동굴에서
당신과 난
깊은 잠에 빠져 있었네

홀연히 불어 온
하늘 생 바람
그 빛 천지를 흔드네

용광로 그 불꽃 속에서
자아는 산산이 부서지고
새 역사를 위한 몸부림은

눈부신 꽃이 되었네

한 송이 또 한 송이
광활한 대지를 덮는
천천만만의 하늘 군대

온 세계 위에
하늘 빛 뿌릴 영채(映彩)

생명의 불꽃

그 눈빛
세상의 어둠 흩어 버리는
창조의 광채(光彩)

당신의 빛 받던
그날 이후

내 안엔
번갯불 같은
당신의 명령 하나

생명의 씨알로 자리했습니다

깊은 밤 내 안에서
울고 있는 당신!

그 빛! 그 불길 안에
사랑으로 살고 있는
내 안의 아픔이여

한 밤의 노래

광휘로운 빛
밤의 강가에 핀
한 송이 들꽃

슬픔의 바다에
떠 있는 별의 운무(雲霧)는
찢긴 영혼의 노래

아픔의 비늘 떨어지는
그 바다
환희의 옷 입는 천상의 멜로디
무지갯빛 찬란한 삶

삶

도레미파 랄랄라
휘몰아치는 폭우 속
무지개 약속 룰룰루

폭염 속 오아시스
푸시(push)의 삶 도시라솔
한 바탕 꿈이었네

아버지

냉정한 듯
미소 가득한 얼굴
무뚝뚝한 듯
평화로운 눈빛

그 다정한 얼굴
그 자애로운 눈빛 속에
넉넉한 가슴 하나

무더기로 피어나는
들꽃 향

천진난만한 소꿉놀이에도
아버지의 그늘은
언제나
우주를 품는 하늘

어머니·4

내 안에 계신 당신은
맑은 눈의 희망

혹독한 절망으로
밤새 앓던 밤

당신은
세상을 뒤흔드는
꿈 하나 잉태했습니다

잉태의 역겨움
산고의 진통
옥동자 얻는 행복의 파노라마

오늘도 당신은
아픈 나를 바라보시며
빙그레 웃으십니다

순교

무화과 열매 주렁주렁
감나무에 감이 주렁주렁
석류나무에 석류가 주렁주렁

오늘 새벽길에 들리는 음성

네 가슴에
씨알 하나
죽어도 좋을 소원 하나

칼바람에도 휘지 않을
뜨거운
불덩이 하나 가졌느냐?

사랑니

초록바람에 떨고 있는
장미의 상흔(傷痕)

밤의 강가에 서성이는
물새의 핏빛 진실
어둠을 쪼아 새벽을 부화시킨다

통째로 삼킬 수 없는 아픔
하얀 눈물의 고뇌
새벽이 와도 끝내 뽑을 수 없는

사랑니 하나
가슴에 자리한 눈물 하나

□ 김수린 시인편

당신의 무늬 외 5편

낱낱이 잎사귀로 피워내던
우리의 사랑이 공중으로 흩어집니다
가을의 얼룩을 뒤집는 바람이 소란합니다

오랜 연륜에 문문하게 새긴
사연이 날아가고

당신과 결별 후 그 등의 서늘함에
저릿하게 흐려지는 가로등 불빛
들어서던 골목에서 내 그림자에 놀라 돌아보면
당신의 고뇌 같은 저녁의 무늬가 어둑하게
가라앉아
그림자도 놓아주고 발길을 떼어놓을 때

비어가는 내 머리처럼 내 몸이 하얗게
보이지 않아
혹시 당신에게 돌아간 걸까요
나는 어디에 있나요

없는 당신과 따로 만들어놓은 내가
사랑을 하고 이별합니다

온갖 그림자에 서리는 적막에서
당신을 보는 나는
그리움이라 부릅니다

가을의 사랑

밑그림으로 남은 추억에
덧칠하는 한줄기 눈물도 적시지 않고
깃털 같은 그는
나무 잎사귀 후드득 털며 떠나고 있다

날개 짓으로 일제히 솟구쳐 오르는 소리
새떼가 날아간 허공
빈 가슴

마른 잎 떠도는 거리에서
부랑의 노래를 불렀다
어떤 사랑도 돌아보면
단단하게 남아있지 않는 유적(遺跡)

기억을 뒤적이면
미지의 끝이 어디일까 날 세우던 푸른 욕망이
지금은 희미해
부력으로 버티며 세월의 물살 헤집느라
쇠잔해지고

멀리 수평선을 지우는 흐린 바다
빈 그물을 거두는 술사(術士)의 거친 입김으로
피어올린 바람의 허공
더 높이 더 멀리 아득히
쓸쓸해
깊숙이 파인 하늘에 낙화로 내리고 싶다

바람 속에서

길 위의 모든 것들은 어디론가 흘러가고
나도 흘러갔다
바람의 집
사람들은 무언가에 휘말려서
회오리로 솟구치며 어디서든 횡행하고

회색으로 버티고 선 아파트 단지
바람 속에 든 길가 집
서로 버팀목처럼 둘러서서
사물처럼 홀로 허공을 짚고 있다
벽체 균열과 퇴색과
상하수도관의 부식까지 상쇄하며
변명처럼 변명으로 버티고

거리를 휘젓는 소음이 소문 같이
엄청나게 달려들때마다
에워싸는 소리가 한꺼번에 뭉쳐
굉음이 꽂히는 바람의 집을 관통한다

멍멍하도록 귀가 뚫려
바람의 언덕에서 바람을 통과시키며
텅 비어가는 콘크리트 벽처럼
내가 서있었다

흘러가는 과정에서
질주하는 모든 것들과 나는
바람이 되고
나는 휑하게 비어갔다
아주 먼 그때의 비애처럼

붉은 환상

환락의 도시 라스베이거스로 통하는
모하비사막*
열기의 스모그가 일렁거렸다

망막조차 뜨거운 바람의 시야에
타오르듯 붉게 일어서는 바다
초현실주의 화폭에 거대한 풍경화

사막의 붉은 기운이 피어나
파고(波高)의 바다처럼 출렁대는 물결은
눈이 속고 있는 것이다

밑바닥이 치솟은 바다의 석회암층이 수만 겹의
세월에 바람과 물방울들로 구멍 뚫린 붉은 모래에는
바다거북이가 생존을 위해 탈바꿈을 계속한다는데
바람을 일구어 모래구릉이 솟구치기도 사라지기도 해

톱날의 등으로 엎드려 먹이를 노리는 모래무덤들

모래톱 사이를 달리는 연속의 풍경 탓에
달려가고 달려도 제자리를 맴도는 허방의 질주였다

햇빛에 달구어져 모래로 삭고
먹잇감을 훑는 감촉의 모래주름 사이
환각의 미로에서
몇 개의 환영(幻影) 신기루를 좇는 동안

지평 끝에서 손짓하는 갈망의 도시는
앞서 가 어디쯤인지

모래기둥 뒤로 라스베이거스가 점점 멀어지고 있다

* 미국 네바다주 소재 사막.

내 기억의 휘어진 골목

마음 속 안개를 헤쳐보라 해서
볼록렌즈로 돋아나는
절망으로 숨던 곡선길이 있다고 말했다
가슴 졸이며 숨 멈춰 바라보던 골목
야생초 흔들리는 폐허의 망연함이
물결처럼 흘러온다고 말한다
도시 한복판에 전장(戰場)의 기록처럼 목격된
갈가리 찢겨진 한 백년 버텨온 고택이
피난에서 돌아왔을 때 공중폭격으로
주춧돌만 남은 집터
불길에 우글우글 오그라든 유기그릇이
아픈 얼굴처럼 검댕이 잿더미에 나동그라져 있었다고
전후(戰後) 십년에 도시 양옥집들이 들어서기 시작할 때
오랜 후 여학생 뱃지를 달고 왜 거기에 간 걸까요
그동안 잘 참았는데
거기서 배회하며 주저앉고 싶도록 가슴 아프던 소녀
무엇이 내게 분노해 떨군 불덩이였을까요
내 반세기를 마음 터전 잃고 헤매도록 한
그 집 쪽으로 한발도 다가서지 못하고 웅크렸던 골목

모퉁이 휘어지던 길이 있다고

민속촌이 만들어지고
문화유산으로 보호한다는 무슨 기념관이니
어느 누구의 생가라던가
기와집의 고즈넉한 담벼락을 넘는 대추나무
양반집 툇돌에 나란한 흰 고무신
뒤뜰 툇마루에 어룽지는 흰 빛의 귀기(鬼氣)
옛것의 모델로 꾸민 그런 고택(古宅)

내 옛집이 흰 배경의 고요로 자욱해서
그 때 함께 태워야 할 대청마루의 발소리가
환청이라면

소녀가 대문 안으로 사라지고 있다
물기어린 눈에 뒷모습 희미하다

기억 화면이 점멸(點滅)하는 정신과치료실

물빛의 불면

불면의 파동이 감지되는
밤의 강
물 속 깊이라 생각했던 거기서
푸른 자정 깊숙이 그물을 내렸다

침잠하지 못하고 허공을 짚듯이
잠을 펴 올린다

밤 새 파닥이는 얕은 잠이
수면 위를 오르내리고
수면에 수포처럼 얕게 떠도는 잠
그물에 걸리는 자잘한 치어 떼

깊은 심해까지는 멀었으나
차오르는 밤의 수위에
자꾸 먼 수심으로 낚싯줄을 던지고

그물 사이에 스스로의 육신이 걸려서
옥죄고 있더라 쑤군거리는

밤의 가장자리

모랫더미에 깔깔하게 얹혀 밤 내내
묶여서 허우적거리고

불면한 태양이 벌건 눈자위로 아침을 열면
방안 가득 산란한 꿈들 알알이 슬어
그물도 낚싯대도 부질없는

녹슨 폐선
육신(肉身) 한 척이
죄처럼 엎드려 있다

□ 김순 시인편

백란(白蘭)공주를 기다리며 외 4편

기다리네, 기다려
막네아들의 짝
울 백란공주님을

그 어디서 지금쯤
고운 마음 모으고
허도령을 찾고 있을까?

동안의 얼굴에
유머감각 풍부하니
즐거운 노래 불러주며
행복을 잘 요리할 신랑감이

울 백란공주님 비 안 맞게
사랑우산 하나 세워놓고
기다리네, 기다려

담쟁이 넝쿨

찬이슬 내리는 밤 동안
너는 논어를 읽었는가?
장자를 배웠는가?
아침에도 한 발자국
저녁에도 한 발자국
낭떠러지 절벽
하늘 높이 아득한 길을
보보등고(步步登高) 걷는 의지 놀랍다

암울한 세상길
너는 그렇게 휘어잡는가?
고행을 나섰는가?
가슴 시리도록 매어달린 손과 발이
벼랑 계곡 휘저으며
오늘도 또 내일도
불굴의 산사람처럼
가슴 태우며 기어오르는
창공에서 꿈일랑
밤낮으로 까맣게 태운다

깔세

얌전해 보이던 미스 리에게
오피스텔 월세를 싸게 놓았더니
해(年)마다 더 살겠다, 아양을 떨어
승낙을 하고 시공부에 빠졌는데

어느 날, 관리실에서 연락이 오길
사람이 달(月)마다 바뀐다고 하여,
그만 한달음에 달려가 보았더니

진작부터 그녀는 깔세를 놓고
숫제 주인 노릇을 하고 있었던 것
급한 사람들에게 한두 달 정도로
보증금 없이 몇 백 만원씩 챙겼으니

얄팍한 부동산에서 부추겼을까?
아니면 건달놈의 발목에 잡혀
잇속만 알던 돈벌레로 타락한 것인가

떠나는 날, 미스 리의 옆에는

산적 같은 놈 하나가 지켜보고 섰으니
요즘 붉은 단풍잎이 나뒹구는 철에
문득, 그녀의 곱던 얼굴이 처량하기만 하다

소나기

우당탕! 탕탕!
우당 탕탕!

등골 오싹한 용트림
사색하던 나뭇잎들
파르르 떨고

우두둑 우두둑!
우두두둑

죽비후려 치는 소리
체통 없는 경계심
나의 뒷걸음질

폭우

번쩍번쩍
우르릉 쾅
쏴아

아지는 폭우
뭇매 맞는 아스팔트
역류하는 하수도

세금 삼키시는
양반님들의 곳간은
지금 무탈하신가?

정치 음모 꾀하시는
나리님들의 저택은
오늘밤 안녕하신가?

□ 박장식 시인편

옥돌의 결 외 3편

옥을 다듬으려면
돌의 결을 찾아
정을 대고 때려야지

결을 거스르면
원석은 깨져 버리고
수고만 남는다

세상은 평온하게 흐르는데
흐름의 결을 잘못 짚어
헛된 몸짓만 난무하네

깔딱 고개

부처님의 고행의 행보도
한번쯤 내디셨을 법한
가파른 깔딱고개

헛발질로는 오를수도
넘어설 수도 없는
구도의 길잡이만이
가 닿을 수 있는
깔딱고개

어찌
산길에만 깔딱고개가
있으랴

고행 자처하면
도처에 있는 것이
깔딱고개 인것을

그 고개 넘어섰을 때만이
해탈할 수 있는 것이
구도의 길인 것을

연장전

게임에는 연장전이 있기마련이다

승부에 무승부란
게임의 모독이다

인생의 모독도
다르지 않느니
승패를 위해 살고
싸우고 죽는 것의
게임이 인생이기 때문

모슬포 방어회 맛

제주의 모슬포 항 인근
유난히 바람 많은
송악산 해안절벽
절벽 그 아래 절울이에서
파도가 우는 사연인즉

열강이 할퀴고 간 상처를
파도가 쓰다듬는 소리
그 소리 동굴속으로 밀어넣어 보내지고
울음을 삼킨 늦가을 모슬포 방어
붉은 근육은 쫄깃, 쫀득, 쫀쫀
세찬 파도에 단련되어 맛 또한 야무지다

□ 이종수 시인편

가을 풍경 앞에서 외 4편

강물에 흘러가는 꽃잎들 같다
가을의 그리움과
풍광

엉켜있는 자리 술렁이며
허기진 그리움
살짝 스쳤을 뿐인데
시작의 파장이 크다

긴꼬리 물고 오는
설레임들 끝에 묻어나고
푹 삭힌 감국향

발효된 도취와 자리를 깔고 앉아
친구들 불러
막걸리라도 마실일이다

번뇌

긴 밤과 한 낮을 돌고 돌아
울지도 못하는 애(愛)와 사(私)

별빛만큼이나 산적한
번뇌 따라와 묻는다

태양은 누굴위해
길을 가느냐고

나홀로 바라보는 건
내 몫인지 몰라도

만물이 부여한 은혜로
울어본적 있는가
감사한적 있는가

도란대는 바람들의 언어
맛들린 길가에
책임없는 물음 던져놓고
이미 답을 얻을 생각도 없나보다

포도 밭에서

나날이 성장하는
포도 알맹이가
내게는 에너지였나보다

쫓기는 일더미
무섭지 않은 건
알알이 영글어가는 희망 때문이다

농자의 길
하늘이 내주는 길
기쁨으로 다가오고
근심으로 다가와도
세월이 가르쳐 준
좇아야 할 순리이고 진리이다

여유

울다 지친 하늘이여
네가 울어 나도 운다
묵은 밭 하얗게 피어내던
개망초들의 향연

폭염에도
폭우에도
끄덕없이 질주하던 본능
산, 하, 들에
은혜로운 인내앞에서
너무 기뻐서
너무 슬퍼서
기억하는가

삶에 지쳐서 힘겨운 날
자연의 순리 앞에 귀 열어보자
초목들의 불평없는
산, 하, 들의 질서
이미 내려놓은 상처들

커다란 여유로운
충만과 교환중이다

내 인생

밀어내고 싶어도
멈춤이란 없다

해독되지 않은 어제와
누적된 포인트처럼
오늘과 다시 합류한다
달콤한 여유가 사치일뿐
여전히
진수성찬인 일머리
삶에 원천인
그늘이고 빛인가 보다

□ 임영옥 시인편

호르는 강물을 거슬러 오른다 외 4편

강은
흘러가
어디쯤 닿을까
발길은
거슬러
어디쯤 닿을까

가 닿을
먼 깊이와
먼 높이
물의 방정식이다

인생이라고 다르랴
어느 깊이엔가
어느 높이를 향해
흐르고 걷는
세월의 나그네인 것을

종착역

막차가 가 닿은
마지막 역에
하루치의 피곤의 수화물로
동댕이 쳐지듯 내려진다

만복의 거드름이 삼켰다
토해내는 토사물로
하루에도 몇 번씩
반추되어 구겨진 삶

하루치의 행복은 무엇인가
하루치의 고달픔은 또
무엇인가

날마다 찍는 의문부가
발자국 된다

황혼길

저물녘
황금란 한 알이
바다로 떨어진다

하루를 날개짓 하던
피곤한 낙조가 물고가다
토해버린
낙일

바다가 금새
피로 물든다

별로 떠서

누구나 되고 싶어하는
별
세상은 온통 스타병을 앓고 있는
발병지대다

감염되지 않는 것이
되레 병

어느 것이 병이고
어느 것이 건강인지
세상 사람들은
그들 중
어느 한편에 서 있다

갈대

보내는 몸짓 밖에
배우지 못한
그래서 이별 연습이 한창인
갈대밭

세월도 보내고
강물도 떠나 보내는
바람도
그런 이별 앞에 서서
아무것도 보낼 수 없는
이별다운 이별이 그리운
나도 갈대로 서 본다

□ 조규화 시인편

절두산 성지 외 9편

절두산 성지 찾았더니
가시관 쓴 무수한 순교자
곤두박질한 혼백이 널부러져
그날처럼 별똥별이 떨어진다

날벼락에 피어린 절규 쏟는
두견이 울어 절망 내려꽂히면
애통한 눈물 애절한 부름으로
영영 가슴 저린 한 많은 세월강이여

얼핏 광풍 불어 망나니 칼춤에
휩쓸린 고은 님
숨찬 호흡마다 그렁그렁 눈물 깔려서
승천한 목숨들이 그린
하늘 지문 내려와
한강 물결에 지워지지 않는 무늬 새겨 놓았다

파르라니 멍든 비명 한강에 실려

핏빛 낭자한 영혼들이 되살아 울먹이면
불씨 풀무질하며 살다 간 그림자 맴돌아
서해로 세계로 땅끝까지 이르리니

날마다 비둘기 날아오르는 그곳에는
거침없이 순교로 달려간 열정의 무게로
질식해버린 함몰한 자리 딛고 일어서는 바람이 흐르는
절두산 성지
한 올 불씨가 맹렬한 불로 타오르고
한 방울 애곡이 바다 해일처럼 부르짖어
영원 꿈꾸는 부활의 강

마중물 틀어

때묻은 앨범을 본다
빛바랜 추억속 남매들
한때 단란한 여덟 식구 올망졸망
박넝쿨 쑥쑥 자라 담장을 넘고 지붕 용마루에 오른
푸른 넝쿨에 매달린 박덩이에 보고픈 얼굴 겹치면
잊혀진 얼굴들이 달덩이로 또렷이 살아나온다

가쁜 숨 내몰아 날아간 집
기억도 삭아 지워진 떠난 날
길손까지 길 잃어버린 블랙홀로
빨려 들어간 처절한 점점점??.
시방은 마침표 찍힌 점점이 그리움만 떠돈다

허망하게 사라져버린 열풍에
화장당한 그리움, 영영 잊을 수 없는 슬픔 깊더니
울컥울컥 솟구친 울렁증 들킨 막장일까
알 수 없는 물음표로 숨어버린 비상구에 묻은 천형
끝내 까막눈 말없음표로 점점 고개 떨군다

섣달 그믐밤 까만 바람이 불어
불꺼진 고향집, 다시 호롱불 밝히랴
어드메 다시 꿈꾸는 행복한 집 닿으랴
때 아닌 천둥소리에 옹고집 풀고 딴청 부리니
시나브로 스멀스멀 나온 사람 하나 둘 셋??.
두드리는 문소리, 옥죄인 마법의 그물 거두길
하마 마중물 틀어 물 붓는 소리 들린다

동행

날마다 함께 눈뜨는 해마루
바알간 햇덩이 이글거리는 눈부신 해돋이
같이 맞는 동행이기에 마냥 행복한 것을

살가운 그대
철길처럼 마주한 즐거운 동행
두 손 맞잡고 함께 항상 대화하며
뛸듯이 춤추듯이 산책하듯이 날아오를듯이
날마다 새로운 기쁨 만끽하는 것을

늘 곁에 있어도 그리운 동행
경사로 오를수록 밀고 끌고 얼싸안고
날마다 그대 향해 큐피트 불화살 쏘며
한 순간도 떠날 수 없는 불치병인 것을

슬픈 곡조로 용트림하는
가파른 절망의 단애에서도
서로 영혼 맞닿아 기대고 부둥켜안으면
내 안에 그대 있고 그대 안에 내가 있어

얼어붙은 사연 두루 녹는 절실한 사랑인 것을

전신이 젖어 아우르는 동행
애간장 녹고 뼈와 살이 다 타도
절벽을 애무하는 산더미 파도처럼
철썩 같이 믿고 맹세한 그대 가슴이 불길일지라도
그 불길속에 타들어가는 불새 되어
그리워 부르며 단숨에 날아갈 것을

정선 아우라지

바람도 쉬어 잠드는
깊은 골골 구절천 굽이치는 산자락
울어예는 아리랑 아라리요
물방울 노래 젖어 그리운 님 똬리 튼 여울
둥둥둥 북소리 실어 구성진 가락 흐르는 강

산비알 첩첩 아리랑 고개 넘으면
소리꾼 어기어차 노를 저어라
뗏목배 전설 아스라이 들리는
섶다리 에돌아 낮고 낮게 흐르는 강

나루터에서 까치발로 선 아낙네
잠시 잠깐 헤어져도 못살아
촉촉이 스미는 애끓는 고별가
아리랑골 꼬부랑 곡류를 메아리로 굽이도는 강

물총새 물고기 낚아채는데
잠시 잠깐 헤어져도 못살아
연이어 강언덕 흐르는

고별가에 홀린 별이 잠겨 반짝이는 물방울 여로
정선 아우라지

허수아비

허름한 옷자락 걸치고 황금들녘 지키는
허수아비
저린 팔을 곧게 뻗어 잠자리 보듬고
비바람 맞아도 청정한 마음으로 풍년을 꿈꾸며
왼종일 새떼 지키는 파수꾼

바람에 펄럭이는
헐렁한 헝겊조각 입고서도 비상하는 꿈을 꾸던 허수아비
새들의 아우성 밀려들면
바람의 입술 타고 숨김없이 드러나는
허상의 탄식

조잘거리는 새떼 훠이훠이 쫓아내려 해도
겁내지 않는 참새떼 자꾸 다가오면
눈멀고 귀먹어서
실어증 걸려 잃어버린 표정으로 서성거리다
허수아비라 손가락질하는 역겨움 다 내려놓고
구멍 난 가슴으로 바람을 안고서
바람을 의지해 딸랑거리는 빈 깡통소리

다시 장신구 주렁주렁 달고
얼굴 없는 막대에 밀짚모자 꾹 눌러썼어도
바람 따라 저만치 손 흔들어 작은 소명 뿌리는 한낮
때로 몰려온 새떼 날려보내는 희열 안고
거센 바람에 흔들거리던 몸체 우두커니 서서
달밤 달빛 타고 별밤 별빛 타다가
논두렁 들국화 향기에 잠시 잠에 취하는
허수아비

첫사랑

오오 다시 돌아오라
행복한 그때가
끝없이 떠오르는 얼굴 그리며
산들바람에 기쁨 넘쳐 가슴 터지는
그 달콤한 사랑 한줄기 속에서
나는 울었네

오오 다시 돌아오라
즐거운 그날이
추억의 발자취 부드러운 속삭임
그 아름다운 환희 한 자락 속에서
나는 울었네

오오 다시 돌아오라
뜨거운 열정이
심술쟁이 운명의 장난에
떠나간 얼굴 잃어버린 사랑 슬퍼하는
그 애달픈 이야기 한 토막 속에서
나는 울었네

오오 다시 돌아오라
환상의 계절이
무지개 꿈 밟으며 울고웃다가
감미로운 달빛 한 타래 감기면
두 마음 고요히 하나로 흐르는
그 곱다란 축복의 한 장면 속에서
나는 울었네

솔랑시울길

한밭 삼성동 열차 기적소리 들리는
참전용사의 집은
내 배우자 어릴적 아름다운 쉼터
어버이 흔적 잊지 못해 천륜의 그림자 쫓는
솔랑시울길

헐리는 재개발 소식에 눈물이 돌아
뇌리에 비수 꽂히는 낙망으로 허공 그으며
못내 섭섭한 듯 서성이는 남편
정든 목소리 낯익은 얼굴 하나 둘 떠나도
너그럽던 어머니 치맛자락 사르르 물결치고
무게로 잴 수 없는 기억이 둥지를 떠돌아
세미한 추억조차 환희의 보석으로 반짝이는
솔랑시울길

변화의 거리에 흘러넘치는 격렬한 선율
정오를 가로질러 쏟아지면
오가던 이 그림자조차 비틀거리고
눈인사 겹겹 두른 인연의 동앗줄 칭칭 엮어진

솔랑시울길

세월의 뒤안길에서 사라질 동네
오도카니 걸린 어둠을 밀다 돌아서는데
해쓱한 달이 안타까움으로 쫓아오는
저물녘, 누군가 발소리 길게 끌며 따라오는
솔랑시울길

어버이 손수 벽돌 쌓은 환갑 넘은 정든집인데
새집 준들 추억을 팔까
온통 공사판에 가버린 얼굴 울쌍 짓고
갈길 잃은 저 별도 슬피 울며 헐떡거리는데
옛터 하나 둘 무너지고 비밀이 소문으로 떠도는
솔랑시울길

어머니가 건네던 무화과 한 바구니 그립고
깃발처럼 손짓하던 석류나무 새콤한 열매 향그런
그 향수의 집에 갇힌 수인(囚人) 되어
파랑새 목청에 울음 섞여 가슴 저미는
솔랑시울길

유혹

길마다 무수한 깃발 펄럭일 때
잠 못드는 밤에 뒤척이면서
옹달샘 노래하는 숲속 오솔길 재촉하다가
가파른 낭떠러지로 밀려서
폭포수 따라 무심코 들어선 용소

계류 오선지 흔들리는 유혹의 나날
때로 구렁 파놓은 시냇물에
몹쓸 저 돌개바람 몰아치고
앞길 가로막는 잔혹한 겨울이 와도
잠행으로 용케 비켜 가니
하마 황혼 내리는 길

일몰 앞에서
잃어버린 추억으로 몸부림치며 타박타박 걷다가
돌연 잊혀진 나를 다시 찾아
급류 타고 가다 여울 돌아서
깊은 강 지나고 온갖 장애물 넘어 새 물길 열렸네

끝내 젊은 날 환상에 사로잡혀
꿈꾸던 바닷길
망망대해 해무(海霧)를 메아리로 감고
불타는 열정 다시 타올라 파도 타는 수평선
까망 어둠속 음표로 떨며 하얀밤 세우며 헐떡거리다가
새날 새물결 위로 새로운 태양 솟아오르는
불세례 유혹에 찬란한 노래 불렀네

풀꽃처럼

오월의 풀밭은
이름 모를 풀꽃들의 박람회
가슴앓이 풀어 방긋거리고
작은 소망들이 벙글고 있다

새벽이슬 한 방울 기린 풀꽃들이
어우러지는 풀숲에 소나기 지나자 무지개 어리고
낮엔 햇살 먹고 밤엔 별빛 먹어 솟구친 풀잎에서
어린 소녀 해맑은 웃음꽃으로 피는 풀꽃

안개 뒤덮은 호숫가에서도
계단 틈새에서 짓밟혀도 일어서고 일어서며
산비알 오솔길 들길 어느 곳이나
시냇물 노래하는 평화 껴안고
낮고 낮게 속삭이며 흔들리는 풀꽃

논두렁 밭두렁 농약 살포에
눈물겹게 외로워도
아린 손끼리 어울려 어깨동무하고

시린 영혼으로 살다간 흔적 새기며
아픈 풀꽃 어루만지는 햇살 가슴에 안겨
한 많은 세월 절망 넘어 새롭게 깨어나는 풀꽃

끝없는 부드러움으로 자란
풀꽃 잎새마다 달빛이 부서지면
싱긋 웃으며 정겹게 속삭이는
풀꽃처럼 살고져

아름드리 감람나무 기리며

– 한세 영산신대원 스승의 은혜에 부쳐

곁눈질 없이 살아온 올곧은 선비의 한 생애가
감람나무 의상을 두르고 백합의 향기 뿜어
소경처럼 더듬을 때 혜안(慧眼) 열어 주고
때로 올무 풀어주며 영원한 나라 안내하는
스승의 길에서 창세기부터 요한계시록까지
우매한 제자들 마라톤 끝까지 달리도록 채찍 하며
오로지 목회자, 교육자의 길로만 달려온
짧고도 긴 인연 떨치고 하마 졸업이라니 못내 섭섭합니다

푸른 세월 켜켜이 연단 쌓은 당신은
제자들 가슴에 찬란한 무지개 채색하며
드높은 환상·고귀한 꿈· 위에 것을 구하라
하늘 문 열쇠 들고 땅 끝까지 복음 전하라 한세에서 세계로
미래로
다채로운 소명 불어넣으려 부단히 노력한 흔적은
감람나무 나뭇가지마다 수금의 선율 울려올 듯
한세인 심장에 훈훈한 감동으로 오래 남겠지요

우리는 감람나무 나목(裸木)의 분신 하나

지레 밟힌 꽃샘바람에 목매어 울먹일 때
멍에의 줄 끌러주고 얼룩진 눈물 닦아주며
길 잃고 미로에서 헤매일 때 큰 길로 푸른초장으로 인도하여
진리의 통로 축복의 통로 열어 달라고 기도해주고
당신의 한 올 천성혼으로 싹 티운 감람나무 잎새마다
백합의 향기 물밀 듯 밀려와 휘감기면
봄볕에 풀씨 움트듯 사랑의 씨앗 싹터서
우리들 뇌리에 큰 울림으로 길이 흐를 것입니다

성경에 눈 밝혀 하늘 섭리 뚫던 길
그 화려한 수업시간 거꾸로 돌아보면
십자가 부활의 비밀 에워싸고 질주하다가
소나기에도 젖지 않던 진리 선포할 때
선지자 발자취 우레 밟고 세미한 숨결 일렁이던 교실
시내산 능선 날던 날쌘 비둘기 나래로
눈길 앗아 끌 예루살렘 신비경 순례자로 서성이다가
서산마루의 햇덩이 붉은 낙조로 선 우리들…….
어눌한 부끄러움 딛고 못 다한 선교사 굴레까지 바라보며
감람나무에 감긴 화음에 젖어 총총 걸음으로

하나님 뜻 찾아 새 출발 새 이정표로 떠나니
그 얼마나 보기 좋고 그 얼마나 뒷모습이 아름다울까요

새내기 눈망울들이 끝없이 꽃필 이 동산에
예전처럼 예수님의 얼 실어
어디로 갈꼬 떠도는 시린 영혼에 등대가 되어주고
새하얗게 지새운 학문의 열정으로 후학들 이끌며
걸어오신 교육 현장의 밝고 어두운 체험을
포도향 ? 몰약향 , 기름향 ? 백합향으로
감람나무에 향기로만 칭칭 감아 청출어람(靑出於藍)의 은혜 뿌리소서
살얼음 언 땅에 향기 흐르고
감람나무 가지 끝에 봄빛 물들면
움트는 잎새마다 차츰 하늘빛 닮아가
하늘길 자맥질하여 피운 눈부신 꽃타래
질곡마다 고운 열매 매달려 그늘 비추리니
천지에 사랑의 화답가 메아리쳐 올 때까지
제자 사랑 알파와 오메가 다시금 가다듬고
창공의 비둘기 나래 타고 뜨거운 사랑가 부르소서

핏빛 낭자한 보혈로 새롭게 거듭나
하늘 음성에 귀 기울이니 하늘 보좌 열까
한세동산에서 배운 슬기와 지혜로 사역지 채우며
한 뼘 햇발 감고 돌보며 섬기다가
학창시절이 꿈틀꿈틀 살아나 그리울 먼 훗날
못견디게 만남의 언약이 부르고
비껴간 뒤안길에서 불현 애틋한 추억 못잊어
그리움 아롱거릴 때 무작정 둘러보고파
교정에 기웃거리는 정든 얼굴들 만날까 꿈꾸소서

백합 송가에 검불레 메아리 휘돌아
시방 우리는 아쉬운 작별의 시간…….
보배로운 스승님 떠나려니 각별한 슬픔에 젖어들고
서러운 흰구름도 맴돌아 술렁이는데
큰 스승 헤어짐이 하냥 서운한 제자들 두 손 모아
광야의 불기둥처럼 영혼의 활화산처럼
불의 혀 갈라진 화인(火印)으로 지워지지 않을
영롱한 별을 뿌리에 감은 아름드리 감람나무
반짝이는 보석 잎새 주렁주렁 열매 맺어

영광의 면류관 얻기까지 비둘기 입술로 찬양하리니
새벽별 노래 파숫군 노래 열방의 새 노래 영영 누리소서

□ 조성권 시인편

겨울산 · 2 외 4편

그 때 상여소리 쫓던 어린 손자 녀석의 잰 발걸음에 걸린 돌멩이가 상여꾼의 뒤통수를 인정사정없이 곡소리 나게 한다 어린 손자 녀석의 웃음보에 곡소리가 웃음소리로 자지러진다

산자락 틈을 자리잡아
산그늘이 눕는다
양지바른 돌담을 끼고 앉는 동네방네 가득한 참새들
빼곡했던 논두렁의 콩나무 참깨나무 호박순이
제철을 탓하며 뒷짐을 진다

뒤편 가득 하얀 눈을 욕심스레 안고 서있는 겨울 산이 부산스런 소리에 실눈을 뜨고 기지개를 켜고 이내 문지기 소나무 전나무들의 기침소리가 호들갑스런 눈 사래로 흩뿌려 진다 이야 온통 다 시끄럽네 다시 한번 자지러진다

흙에 묻고 가슴에 심어 돌아앉은 아버지 눈 그늘에
고드름달린 시골처마자락이 그려지고
툭툭 털어 내려앉혀 두둥 두둥 밟는 발바닥에

오뉴월 호박엿 누런 엿가락이 척척 휘감긴다

앞으로 눌러쓴 모자는 뒤를 보고픈 속내를 드러내는 아비의 폼새란다 웃으며 쫓아오던 손자 녀석은 눈물 밴 등자락에 자지러져 겨울산을 남겨둔다

함께 지나는 길

빠리바게트와 뚜레쥬르를 지난 횡단보도 끝자락으로부터 여름 팥빙수로 착색된 브라질 열정 가득한 커피전문점의 엘이디 간판에 얼굴을 맡기고 일년 삼백육십날을 연탄갈기에 이력이 날듯한 달인의 경지 가득한 노부부의 갈비집에 눈을 맡기면 그때서야 마을이 길이 보인다

길이 있어 언제인지
어디로 돌아서 앉아있는지
꼴라쥬의 완성이다

한 땀 한 땀 여미어 가던
손뜨개로도
붙이고 붙여 다시 붙여지는
꼴라쥬는
여백을 만들어 낸다

먼지 먹고 맴맴 헌책방을 지나 옛 영화를 그리는 쌀집에 남겨진 손과 발을 맡기면 세탁소 주인은 몸을 달란다

봄여름겨울

어둠의 끝자락
서설이다

숨죽여 쌓여가는 백색의 무게로
푸른 미명은
철새의 발자국
노란 은행 잎 하나를 던지다

노란 겉옷을 헤친 푸른 속살은
입김으로 솟구치며
여름날이 숨죽이다

연두빛 봄
가을로 서있다

우린 향하네

그리스도의 처음 익은 열매가 되도록
원하는 마음으로 달려가네
아주 머나먼 그- 길을
오직 예수의 사랑으로
누구보다 먼저 그리스도 십자가
그 사랑의 복음의 물결에
우릴 던지네 우릴 외치네

그리스도의 처음사랑 교회가 되기를
꿈꾸며 소망하며 달려가네
예수 십자가 사랑으로
새롭게 심겨지고 솟아날
누구보다 먼저 그리스도 십자가
그 사랑의 복음의 물결에
우린 향하네 세상 향하네

모든 교회가 더불어

모든 교회가 더불어 예수의 이름으로 인사하기 원해요
먼 길 복음의 깊고 깊은 수고 속에서 가득한 먼지를 털고
나그네의 발을 씻기는 마음으로 두 팔 벌려 마음을 열어
무릎 꿇어 입맞춤하며 발을 씻긴 예수의 섬김처럼
모든 사람이 십자가 복음의 형제들을 향하여

모든 사람 더불어 거룩한 입맞춤으로
노래하기 원해요 하나되기 원해요
모든 교회 더불어 거룩한 입맞춤으로
노래하기 원해요 하나되기 원해요

거룩한 입맞춤으로
거룩한 노래로
거룩한 헌신으로
거룩한 사랑으로

□ 최혜순 시인편

느티나무 아래 정자에서 외 4편

– 용인시청 노인 복지관 풍경

높은 고갯마루 정자엔
왕년의 아코디온 연주자들 다 모였다
왕년의 그 치열했던 연주
누가 기억하랴만

낡은 아코디온 끌어 안은 모습
안쓰러워도
안경테 옆에 라벨을 붙이고
기세가 등등하다

사방에서 모여든 연주자들
저마다 뿜어내는 독주들의 합주
모두가 연주자일 뿐
청중은 고작 두엇 아니면 서넛

5장 7부 속 곱게 고인 스킨
열 손가락에 찍어 내어
건반을 문지른다

새까맣게 염색한 검은 건반 사이
솟구쳐 나온 새하얀 설움
연주는 크렛센도 폴테시모
주름진 건반을 쥐어짜고
저리고 아프고 떨리는 연주는
저절로 디클리센도
주름진 건반을 좌악 편다

입심이 끝나면
연주도 끝
"내일 다시 만납시다"
손을 저어 쉼표를 그리고
무거운 아코디온 치켜들고
텅빈 저녁 광장을
가뿐히 걸어 나간다

겨울

회색 빛 하늘
몰아치는 북풍
붉은 과일도
푸른 잎도
흐르는 물도 한 점 없는
사막의 계절

모진 바람에 몸을 맡겨
머리칼 날리고
펄럭일 것조차 없는 남루한 옷자락
살을 에어도

맨 얼굴로 태양빛을 동냥하며
맨 발로 물줄기를 찾아 거리를 헤매며
제 한 목숨 구명하느라
산 꼭대기에서도
고독을 모르던 여자

그녀가 왜 그때 죽지 않았는지

그땐 아무도 몰랐다
미친 그녀가 그토록 튼실하고 예쁜
아기를 낳을 줄 그땐 아무도 몰랐다
번창하는 오곡백과가 그녀의 소산일 줄은
더더욱 몰랐다

초등학교

동네 한 가운데 제일 큰 집
커다란 대문 안
식구가 제일 많은 집
커다란 마당엔
잉어 숭어는 없고
자디잔 송사리들만 모여
꽃과 새와 함께 크는 곳

그물에 갇힌 천둥벌거숭이들처럼
가로 뛰고 세로 뛰고
치고 받고
울고 웃고
그래도 언제나 웃음소리가 크게 나는 큰집
힘찬 고함소리가 크게 나는 집

송사리가 크면은 고래가 되는 집
고래가 되면 돌아갈 수 없는 집
바다로 간 고래가 그리워하는 집
바다에 사는 큰 고래가
꿈 속에서 그리는 집

벚꽃

지난 밤 꿈 속에
상서로운 학들이
나무 위에
하얗게 날아와 앉았다

아!
감탄사가 너무 컸었나
깨어보니
학들이 다 날아가 버리고
보드라운 깃털만 소복이 쌓여 있다

한 그루 노송을 노래함

– 스승의 날에 부쳐

황무지 모래밭에 우뚝 선
늠름한 한 그루 육송
그도 허리가 휘는가

세찬 바람에
더 청청히 빛나던 그 솔잎
그 빛 바랠 수 있는가

망망대해를 달려 온 파도처럼
땅 끝까지 줄기차게
내닫기만 해 온 사랑

더 클 수 없을 만큼 크신 솔이여
그 크신 모습 그 낭랑한 음성 그 인자한 미소
다 어디에 남기셨는가
손에? 장막에?
모두가 텅 비었나이다

그러나 임이시여

그 어느 때보다 더 큰 웃음 웃으소서
손에 장막에 둘 수 없는
넓고 무성한 솔 밭
보소서 황무지 모래밭에
손수 심은 그대 육친 같은 육송들
청청히 자라고 있음이오니
부디 강녕하소서

수 록 동 인 주 소 록

강병남 120-825 서울 서대문구 연희 1동 137-13 남강빌딩 5층
☎ 02-336-9187 ☞ 011-233-5300

고 석 138-220 서울 송파구 잠실동 27 주공아파트 501-909
☞ 011-1730-9222

김남순 423-825 경기도 광명시 소하 2동 903-2 산지교회
☎ 02-899-2108 ☞ 017-263-0106

김수린 158-054 서울시 서대문구 홍제2동 청구아파트 102-505호
☎ 02-2652-4046 ☞ 010-7277-2870

김 순 156-761 서울 동작구 대방동 501 대림아파트 109-1105호
☞ 010-4030-5064

박장식 463-070 경기 성남시 분당구 야탑동 264-3 바움하우스 102-808
☞ 017-234-3919

이종수 477-831 경기 가평군 하면 대보1리 384-1
☞ 010-9140-6110

임영옥 135-993 서울시 강남구 개포3동 주공아파트 706-1404
☞ 011-210-0768

조규화 427-010 경기도 과천시 중앙동 주공아파트 1009-504
☎ 02-507-1374 ☞ 011-9131-5388

조성권 120-092 서울시 서대문구 홍제2동 96-4
☎ 02-730-2255 ☞ 010-3790-4168

최혜순 449-588 경기도 용인시 기흥읍 신갈리 새천년그린빌 5단지 513-1601
☎ 031-305-7561 ☞ 010-9495-7561

조선시 제15집

조선문학시인선 285

2010년 11월 25일 인쇄
2010년 11월 30일 발행

지은이 / 조선시문학회
발행인 / 박진환
펴낸곳 / 조선문학사
등록번호 / 1-2733
주소 · 110-092 서울 서대문구 홍제2동 96-4
대표전화 / 730-2255
팩스 / 723-9373

ISBN 89-91811-46-6

정가 8,000원

* 인지는 저자와 합의 하에 생략
* 잘못된 책은 서점에서 교환해 드립니다.